AF236197

Ben Kretlow

xposé

Gedichte 2013-2021

poeme_edition:kieber

Bibliografische Information der Deutschen Nationalbibliothek:
Die Deutsche Nationalbibliothek verzeichnet diese Publikation in der Deutschen Nationalbibliografie; detaillierte bibliografische Daten sind im Internet über http://dnb.dnb.de abrufbar.

produziert von © 2021 EDITION KIEBER

Alle Stücke geschrieben, bearbeitet, konzipiert und aufgezeichnet von © 2013-2021 Ben Kretlow

Bildmaterial: Coverfotografie – pixabay.com
Autorenfoto – aus dem privaten Bildarchiv des Autors
Covergestaltung & Bildbearbeitung: Ben Kretlow

Kontakt: Email – herzrebell@gmx.net
Instagram - benstagram1985
Facebook – www.facebook.com/pages/Ben-Kretlow

Herstellung und Verlag: BoD – Books on Demand, Norderstedt

ISBN: 978-3-7543-1826-3

für mila. für felix

*Schreiben ist in allererster Linie ein Gespräch
mit sich selbst. Sagen wir, ein Schlagabtausch in
wechselnden Rollen, die die Geschichtenschreiber in
ihren Köpfen wie in klugen Schachzügen
gegenüberstellen, sie sich einander vorstellen lassen
und diese im Laufe der Zeit miteinander verschmelzen.
Nächste Pose: die Wartehaltung. Heißt: Überlegungen
anstellen, aus dem Fenster rüber in den Park schauen,
Kopf zurückdrehen, Augen auf das blanke Papier
gerichtet: Der Stift bewegt sich nach dem Mund. Nur der
Schreibende ist im Raum, und mit ihm die in ihm Laut
gewordene Idee, sein Gesprächspartner also: im Verhör,
das nicht endet vor Einbruch der nächsten Dunkelheit.*

Ben Kretlow, Arbeitstagebuch, 19.04.2015

xposé

Gedichte 2013-2021

In Asche und Staub

Verfluchte Liebe, schreit er gen Himmel.
Als die Lichter angehn im Kino der Wirrnis:
versucht er verzweifelt diesen Rest von Nähe zu halten,
der nie ist

Geschrieben am 15.05.2014.
Einzelveröffentlichung Facebook-Autorenseite
BEN KRETLOW, 2014

im schlaf. traumfäng3r/mond remix

du öffnest deine augen neben mir so müde
als ich wach liege neben dir da in deinem schlaf
so schwer als wenn der mond mit sich trüge
eine vorahnung davon dass ich dir von mir gab

worum sich die nacht nun in schweigen kreist
bis weiß hinein in den nächsten morgen
als würde er noch nicht wissen dass du längst weißt
etwas von mir liegt tief in dir verborgen

während ich hier am fenster stehe und sehe wie du
die straße überquerst so hastig von irgendwas getrieben
als würde eine schuld dir nicht sagen können wohin wozu
hab ich uns nur fest in diese rollen hinein geschrieben

und dann diese zarte geste deines mundes, wortlos
wortlos bleibt sie von dir bestehen
wenn mich der umriss deiner nähe nun endgültig verlässt
so als hätte es uns gar nicht... gegeben

Geschrieben am 29.08.2015.
Entnommen aus dem Band "#DieLetzteFarbe", 2016

das könnten wir sein weißt du
sicherer als ich es meine
doch meiner begierde trautest du nicht zu
aufrichtiger zu sein als deine

das könnten wir sein weißt du
trennt uns nun diese scheibe
ein letztes berühren der finger + im nu
rast ein wir davon in weite

dein zug geht bald.
die uhr tickt laut, tickt leise
nein, es war nicht alles falsch,
sagst du auf deine uns verklärende weise

Geschrieben am 12.11.2015.
Entnommen aus dem Band "#DieLetzteFarbe", 2016

naile

ich darf niemals für dich sein,
sagt dir dein vater,
also halte (es) aus ohne seine liebe,
sagt er –
oder geh...

naile, dein schwarzes haar so weich,
naile, und das kissen, auf dem dein duft
+ ich, ja, ich, noch zehrend vom süßlichen ton
deiner zimtigen haut,
mich winde gegen diesen schnitt.

naile, deine stimme in meinem kopf,
hörst du?
hier deine weichen lippen, die geschlossnen lider,
unter denen wir träumen, ein letztes mal
jedes berühren, ein festhalten, ein leugnen,
ja, eine vernunft, die wir nicht sind.

du hier neben mir,
+ nichts andres hat jemals bestand,
was jemand zuvor je so zärtlich fand
vor deinem blick in die stille...

geräusch; stille...
¿wie ich sie nur jemals ohne dich fülle?¡

Geschrieben am 03./08.04.2016.
Entnommen aus dem Band "#DieLetzteFarbe", 2016

**so muss es sich also anfühlen,
wenn du verschwindest**

da im spiegel, was ist das
hinter mir?
ich sehe diesen tisch,
zwei morsche stühle, und
warum ist es so kalt
in diesem zimmer?
der kaffeedampf
zieht ins leere, und
das grau vom morgen zieht
weiter seine kreise,
während ich so in den spiegel schau –
wer ist das?
wenn ich so in den spiegel schau,
sehe ich jemanden,
der verschwimmt.

*Geschrieben am 09.11.2018.
Einzelveröffentlichung auf Instagram
@benstagram1985, 2018*

f.

wir haben n freund verloren an die nacht.
nie hab ich vorher nachzeichnen können,
was das mit einem macht
& jetzt steht da son satz im raum
& ich schwanke zwischen *bin ich wach?*
oder *innem traum?*
+ würd am liebsten mit der faust
aufn tische hauen
... und wir ALLE hätten nie so weit gedacht

mir ist klar, das hast du
so nicht gewollt:
ich schließ mein herz ganz schnell zu –
du, ob ichs soll ..?!

gewiss, irgendwann kommt da wieder wärme rein,
& diese tränen... ist schon gut... lassen wir bald sein –
aber f., wenn jemand eines tages nach dir fragt,
glaub uns, geht unser lächeln mit liebe voll.

In tiefem Gedenken an Felix Amos Steigner ♥
(25.06.1993-10.02.2021)
Geschrieben am 14.02.2021.
Einzelveröffentlichung auf Instagram
@benstagram1985, 2021

nichts neues. du schweigst, ich antworte:
nichts von dem was ich seh
ist für dich teil von wirklichkeit.
wir stehn uns wieder hier gegen:über

heißt: wir taktieren um ein zeichen
klarer fronten. heißt: du näherst dich
nur zaghaft hervor aus deiner wohlfühlzone.
was auch bedeutet, dass ich zu bequem bin
dich aufzufordern zum duell 1 gegen 1

also stillstand. zwei herzrebellen (du, ich)
auf einer brennenden brücke:
nein, nirgendwo land, kein rettendes ufer
nichts mehr schließt unsre lücke

Geschrieben am 06.03.2015.
Entnommen aus dem Band "hier, etc.", 2015

Annis Liebeslüge

Ich wollte nur, dass du der bist,
der mich sieht
hinter all den Masken,
die ich tragen muss.
Ich wollte nur, dass du der bist,
der mich nicht verurteilt
und nachempfinden kann
hinter den Mauern,
die ich um mich hochgezogen habe.
Ich wollte nur, dass du der bist,
der als Einziger mein kleines Leben bemerkt
Und ich wollte, dass du mich bestrafst
mit deiner harten Ignoranz,
wenn ich deine Grenzen missachte,
wenn ichs nicht verschwieg und bewusst
gegen dich dachte,
dass du mich dann schlägst,
wenn du Groll gegen mich hegst,
weil ich über deine Geheimnisse lachte.
Aber du konntest auch der sein,
der das zärtlichste Versprechen
flüsternd auf meine Lippen legte,
der meine ganze Begeisterung
in Flammen entfachte und mich zutiefst bewegte.
Du würdest all das sein können,
habe ich mir ausgemalt,
doch dein Zug, der kam niemals hier an.

Geschrieben am 25.07.2013.
Entnommen aus dem Band "Rausch und Scherben.
Gedichte 2014", 2014

wenn nicht ich

mein wahn drängt dich zur seite
wer ist er wenn nicht ich
und du würdest mich fernhalten von dir
zurecht in einer weite
nein, sei nicht so leise
zu mir
denn hier: ich leide
während ich den blick
zwischen den zeilen gekonnt vermeide
und du nicht weißt wohin ich ziellos treibe
und warum ich verzweifle
als ich dir diesen zustand ankreide
für den du schon büßen würdest
ja, egal auf welche weise.

2.
ja, halt jetzt still, ich bring uns ins reine
ein für alle mal, ja, ich verneine
jedes motiv das sie mir anlasten werden
und verweise
auf deine geheimnisse und/oder seine
du dachtest wirklich ich würde meine
sachen nehmen und einfach gehen von alleine
aber schade nun, so sind es nicht
meine tränen die ich zur schau stell und weine
denn meine tränen, ja, bleiben meine
deine, nein, sind keine
sind keine

Geschrieben am 12.09.2015.
Entnommen aus dem Band "#DieLetzteFarbe", 2016

7 gedanken an lina

1
lieben & leben, sagen sie, ist nie etwas,
das irgendwann fertig ist

2
wie sich auf dich verlassen zu haben, als ich
verlassen war, ließ ich aus dem gefühl zu,
du würdest bleiben

3
& manche nacht, ja, denk ich, das war
& das ist genau das, was geschehen sollte
noch immer

4
so wenn ich hier liege und der regen fällt
wenn ich hier liege und der regen fällt,

5
sehe ich deine bilder aus einer andern stadt
nun

6
& habe nur noch diese alten kuverte
mit deiner adresse drauf, die aber gar nicht meer
deine ist

7
so in einem andern leben jetzt,
in einer andern liebe

Geschrieben am 08.09.2018.
Entnommen aus dem Band "2 zeilen & ein stift...
gedichte", 2018

#marilynslieblingsbild

ich beobachte dich schon lange, marilyn,
ich habe dich im blick.
auch wenn ich dich verpasst habe, marilyn,
ich weiß deinen trick.

du hast der lüsternen welt später
nicht gezeigt, wer du wirklich bist.
du hast sie glauben gemacht,
etwas zu sein, woran du aber zerbrachst.

wir blenden aus, wies wirklich ist.
marilyn, wir blenden aus, und du sahst

in gedanken auf die aufnahme,
die cecil beaton von dir
am 22. februar 1954
im ambassador hotel in new york machte,

mit der rose in deinen händen,
die du an dein herz hieltst,
während das verletzliche funkeln deiner augen
für immer in diesem schwarzweiß erging.

Geschrieben am 12.07.2013. Überarbeitet am 19.12.2015.
Diese Fassung entnommen aus dem Band "#DieLetzteFarbe", 2016

unruhen

kämpf dich durch die nacht.
abtrünnige sterne, radikal, keiner wacht
nicht mal du
bist dir selbst der nächste

du vermummst dein gesicht,
es geht raus
ein entkommen aus dem straßenlicht
klappt nicht, da: es geht aus
da guckt ihr, wa? da stehste

an dem punkt in neukölln
der dich trennt
von der liebe
zu der du vergeblich rennst
immer und immer wieder

doch du möchtest nicht mehr rennen
du willst dein herz vom fühlen abtrennen
hier ein stein,
nirgends ein sieger

Geschrieben am 20.05.2015.
Entnommen aus den Bänden "hier, etc.", 2015,
sowie "#DieLetzteFarbe", 2016

ach komm, du kennst auch die,
die immer grinsen,
während sie schon dafür kassieren

du weißt auch von denen,
die heimlich verschwinden
+ so ihre niederlagen kaschieren

du kennst auch solche,
deren visage du nicht kannst,
stehen sie auch nur in der tür,

& dann gehst du auf angriff
(+ mag kommen, was will)
+ möbelst sie auf dafür

klar ist, das entspringt der deutschen schule:
im block faust um faust
unterm licht aufm beton aufgewühle,
asche + staub

Geschrieben am 25.11.2019.
Einzelveröffentlichung auf Instagram
@benstagram1985, 2020

deutsches bild

wer ist er, der da steht
mit dem rücken zur wand
der sich windet und dreht
und verbirgt seine hand

wer ist er, den ihr seht
kein wort, das er spricht
zornige wut, die sie brüllen
in sein gesicht

schwarze träume
ein gewitter und rauch
knistern hinter seinem rücken
ein tritt in den bauch

wenn sie ihn jagen und treiben
sie versagen ihm sein recht
wenn hier ein haus in flammen:
ein deutsches bild in echt

Geschrieben am 04.09.2015.
Entnommen aus dem Band "#DieLetzteFarbe", 2016

kalte asche fliegt im wind.
er weht übers land, über die städte
das meer, ja, nimmt uns alle
& mancher schrei noch glühend heiß
(doch weißt du, ob ichs noch weiß?)

als tausende augen hinter zäunen
tausende augen in der kalten asche
fliegen im wind, übers land, düster über
die städte, & das meer so gespenstisch leis
(woher weiß ich, ob dus noch weißt?)

stimmt, manche verzweiflung endet nicht:
so wie manche schrecken immer bleiben –
wie erinnerungen derer, die bald nicht
meer mahnen können
wie erinnerungen derer, die bald nicht
meer treiben

In tiefem Gedenken an alle Opfer
des Nationalsozialismus
Geschrieben am 27.01.2021.
Einzelveröffentlichung auf Instagram
@benstagram1985, 2021

lied von lina

sag mal, was könnte das bloß sein,
was mich so fragend macht
weißt dus, warum ich mein
herz nur so dunkel mal bei nacht
wer isses, wundert sich lina, der da
trotzdem weiter an die türe klopft,
obwohl ich sie nie meer öffne,
als noch eine träne tropft

es stimmt, lina hat ihr herz abgestellt:
warum auch noch fühlen in dieser welt.
denn niemand von euch liebt bedingungslos.
lina hat geträumt, sie wird nun groß.

Geschrieben am 30.03.2020.
Einzelveröffentlichung auf Instagram
@benstagram1985, 2020

libellenschlaf

verborgenes klingen, da rascheln
zwischen leuchtenden blumen blüht
ein liebes/zauber
da auf deinen lippen

hier halt es, flüster ich
halt es
fest in deinen händen
wo ein klang der tropfen
der dich stößt
in einen tiefen schlaf
milde spricht

da, ich hab es:
das einzige geräusch
ist dein name auf meinen lippen,
aber so im flüstern,
dass du es nicht hörst

als ist es
nur durch dein haar zu streichen
während du liegst in meinem schoss
zwischen bäumen und mondschein
und ein kuss
der das flackern deiner lider
beruhigt

Geschrieben am 19.05.2015.
Entnommen aus dem Band "hier, etc.", 2015

flackern der diebischen lichtpunkte an der decke,
seufzen und der stumpfe flügelschlag des nachtfalters
an der kargen wand gegenüber. wen siehst du?
du spürst den verbrauchten atem an deinem nacken,
als du dich auf seinen schoss hin und her räkelst,
mit seinen händen an deinen hüften, und deine lippen
kreisen um die erinnerung an lust. sie kreisen um
die erinnerung: zu fühlen, um die erinnerung unerfüllter
                                        begierde,
sagst du süßlich im ausgeliefertsein, das dich ja
                                        verbrennen soll.
warum willst du nicht, dass du mich siehst, sagt er,
als er sie liegen lässt auf dem alten warmen laken
von der nacht davor und im blanken rest von hier,
                                        danach

Geschrieben am 22.03.2015.
Entnommen aus dem Band "#DieLetzteFarbe", 2016

die geschichte von dir und mir

wie kann ich es schaffen
dass wir uns verstecken vor
der wahrheit
die uns hier nicht zusammenführt

und uns einreden
dass der weiße mond
seinen schleier für uns
um die dunkelheit legen wird

damit sie uns nicht blendet vor
unsern träumen in deinen armen
und unsern wünschen in meinen armen
und einer möglichkeit von dir und mir

sag was nur geschehen muss dass
du nicht jeden meiner schritte hinterfragst
und du anfängst zu glauben
meinen worten meinen gesten diesem moment

wenn da nur das rauschen
der wellen um uns ist
und es gibt hierfür keinen anfang
kein ende sondern nur das hier das jetzt

und deine dunklen augen
die nachgeben die einlenken die vertrauen
deren blicke mich beruhigen
wenn sie stille nach mir schauen

und alles dann kommt zur ruhe
alles
wenn dein kopf so sanft lehnt
an meiner schulter, hier

Geschrieben am 02.08.2015.
Entnommen aus dem Band "#DieLetzteFarbe", 2016

lass die welt warten

glaubst du wirklich, ich könnte dich
einfach so gehen lassen,
+ du mit deinem lächeln
wärst raus aus der tür?

glaubst du wirklich, dass an sich
mein gedanke an dich je schwächeln
könnte, + wenn dus glaubst:
sag, was spräche dafür?

denkst du nicht, dass deine strenge
ja, dass die zartheit deiner hände
dass diese begierde, die ich dreh + wende,
genau das ist, was ich noch einmal brauche –:
hier?

deswegen bitte leg jetzt deine tasche nieder
+ komm zurück
in die noch wärme unsrer weißen laken,
wo ich dich lieben werde immer + immer wieder,
denn die welt da draußen kann noch warten.

Geschrieben am 07.02.2016.
Entnommen aus dem Band "#DieLetzteFarbe", 2016

jureks lieblingsfarbe

ist noch immer das rosa ihrer haut
im winterschnee. so wie damals in berlin,
weiß er noch, als sie ihn ansah
und die kälte zwischen ihnen wich.
vierzig jahre später weiß er, er hatte sie
wirklich geliebt.
vierzig jahre später, & das weiß er auch,
ist aber das, was noch glänzt, bloß eine erinnerung,
die sich selber immer meer + meer
vergisst.

Geschrieben am 06.09.2018.
Entnommen aus dem Band "2 zeilen & ein stift...
gedichte", 2018

ich heiße benjamin winter.
wenn es draußen stürmt, sehe ich
in den himmel, und wenn ich keine sterne
sehe dann, male ich mit meinen worten welche
die halbe nacht.

dann ist es, dass die halbe welt schläft.
dann ist es, dass ich papierbögen herausnehme
aus meiner schublade und beginne zu zeichnen,
zu schreiben, zu kritzeln, um auszuloten,
ob da was geht,
weil sie so gerne wieder etwas von mir
lesen möchte, das berühren kann, ohne sie
zu fassen.

denn sie bleibt frei – & daran gibt es nichts
zu rütteln. komm ich ihr nämlich zu nah,
legt sie meine gedichte zur seite.
dann bin ich ihr zu viel,
aber das, ja, geschieht selten.
meistens ist es, dass sie verstehen möchte,
was ich mit meinen gedanken meine,
& sie besucht mich zwischen meinen zeilen.

zusammengefasst, sie ist der einzige gast in allem.
& ich würde alles dafür tun,
dass sie die türen heraus aus meinen texten,
fort vom klimpern meiner schreibmaschine,
niemals findet.

Geschrieben am 13.03.2019.
Einzelveröffentlichung auf Instagram
@benstagram1985, 2019

bis der mond angeht

zwischen deinen gedanken
& einem spalt der erinnerung
nur den einen schritt zur tür,
& hinter ihr beginnt dein neues leben

zu lange hier gefangen
in deiner innren verwüstung,
streift dein blick von hier
hinüber in ein andres licht – ja, daneben –:

du, warum kamst du in diese welt?
sag, warum in dieses sein?
was ist es nur, das dich in diesen straßen hält?
warum allein,

wenn da nichts ist, außer dieses warten
& ein warten
& ein warten
& ein warten...

bis dann auf einmal der mond angeht –
& der wind durch die ritzen
der mauern weht
& du... du hier stehst

und du hier stehst,
als wäre alles andere
nur ein schlechter traum.

Geschrieben am 04.12.2017.
Einzelveröffentlichung Facebook-Autorenseite
BEN KRETLOW, 2017

milas träumen

drei momente bloß die vorstellung
deiner hände:
in meinen ein moment davon nur,
der alles bewegt

ein warten, das mit dem ersten blick
von dir hier endet
& ein wünschen wird, das sich von nun an
um dich dreht

da – ein leuchten, das bleibt in deinen augen,
siehstdu? ein glanz, der uns mild vergibt
weiß nur, dass wir erst durch deine träume
fühlen lernen, wie mensch wirklich liebt.

Geschrieben am 18./19.04.2017.
Einzelveröffentlichung Facebook-Autorenseite
BEN KRETLOW, 2017

wahrheit?! oder dich

du bist schön, so wie du bist.
isses nicht zu schade,
dass jeder von uns das mal vergisst?
klar möchte ich, dass jede stunde
deine erwartungen trifft,
aber je höher du sie steckst,
umso meer isses, dass du dich irgendwann vermisst.

& dann bleibt da die frage:
isses das wert,
dies + dies haben zu können
für ein nicht erfülltes herz?
& du kannst immer untertauchen
in soundso vielen reih'n,
aber die antwort darauf finden musst du allein.

Geschrieben am 22.02.2021.
Einzelveröffentlichung auf Instagram
@benstagram1985, 2021

meer in dir

wie viele träume sind da eigentlich noch?
wie oft noch etwas verneinen
+ dabei eigentlich meinen:
ja... doch?

hier – was steht geschrieben auf den splittern
in deiner hand?
& weißt du um das leben
auf der andern seite der wand?

du, die niemandem verrät,
was sich in ihr bewegt
oder welcher gedanke grade
irgendwie gar nicht geht
oder um wen sich heimlich
ihre liebe dreht

ja – du, die niemandem etwas davon sagt,
wohin ihre wünsche so leise zielen,
sodass niemand es wagt,
sich in deinen plänen zu verlieren

ja – & DU, die nicht aufblickt,
wenn man nach ihrem namen fragt
die nur so dahin zu warten scheint
aufs ende vom tag

warum DU, die nie einen
ihrer träume wagt...
während da so viel meer in dir ist
als du meinst.

Geschrieben am 26.09.2016/17.10.2016.
Einzelveröffentlichung Facebook-Autorenseite
BEN KRETLOW, 2016

wenn mein ohr so lauscht an deiner stille
und dein schweigender ansturm mich berauscht
so als ob in mir ein blühender wille
meine zweifel gegen dein licht eintauscht

ja, es wäre als trittst du nah an mich
und legst deine hand auf das pochen dort
und ich gebe langsam nach und lasse dich
durch meine mauern hinein in mein wort

Geschrieben am 02.07.2015.
Entnommen aus dem Band "hier, etc.", 2015

benni

& er schaute raus auf den hafen
& er sah dahinter das ende eines erdteils
und flüsterte sich selber mut zu
(junge, atme ein, atme aus)
er redete sich ein, seine haut

würde eines tages härter + kälter sein
als jeder stein, wenn er mal groß ist,
hat er sich geschworen, kann dann
niemand meer in meinen augen lesen,
was ich wirklich fühl

er ist längst aus stein. die schicht
zu IHM isso massiv wien gebirge,
das keiner überwindet. und seh ich ihn
da manchmal noch stehn, wünscht ich,
er hätt nie diese münze – kopf oder zahl – geworfen

Geschrieben am 03.07.2020.
Entnommen aus dem Band "vom rand der nacht", 2020

auf einmal ist die welt

nicht meer so, wie sie war.
wo bist du hin?
du musst doch irgendwo sein + nah,
wo ich bin.

dein schatten auch hängt hier nicht meer.
wo streift deine warme hand?
nun bin ich kalt + leer
+ ohne mut, ob ichs verstand.

wo kannst du denn nun bloß sein
so ohne ein wort, oder ich
hab es nicht gehört, ja, dass ein
herz auch ohne lautes klirren bricht.

wann sind wir uns nicht meer begegnet?
wann hörte das feuer auf?
haben wir gar nicht gemerkt, dass es regnet?
ich weiß, dass du mich nicht meer brauchst
+ so tust, als hätte es uns nicht gegeben,
so als wär die welt, aus der ich auftauch,
wie eine aus einem andern leben.

Geschrieben am 27.07.2020.
Entnommen aus dem Band "vom rand der nacht", 2020

zwischenträume

zwischen meinem wachsein
& deinem REM,
wie viele ebenen von bewusstsein
können uns trennen,
wenn alles, was mir durch
die nacht hilft, ist
dein blick gegen meine furcht,
und nichts andres trifft,

als sie sagt, was kann ich nur tun,
damit du weißt von der anatomie
von kuss / begierde / lust – ja, einem ruhen
zwischen den schläfen, & sieh:
ein klares bild beginnt
du, ein klares bild beginnt,
während alles andre verschwimmt

& dein herz dabei rast + rast + schlägt,
während mein letzter gedankenfetzen
sich zwischen deinen tönen bewegt,
und was immer da sich
in dir um mich
in laut & leise dreht,
weißt du bitte, ich wollte nie
einen deiner träume verletzen,

denn ich weiß vielleicht nicht viel
von der liebe, schreibt sie,
aber ich weiß alles von meiner liebe
zu dir.

Geschrieben am 13.05.2018.
Einzelveröffentlichung Facebook-Autorenseite
BEN KRETLOW, 2018

jede nacht, wenn picasso träumt,
sieht er eine andere welt
+ hält sie fest am morgen,
so wie man sich an erinnerungen festhält,
hinter all seinen farben aufm papier

Geschrieben am 18.07.2019.
Einzelveröffentlichung auf Instagram
@benstagram1985, 2019

Schlaftrunkene Welt

Schlaftrunkene Welt, wie bist du versunken
in der Wildnis ungesagter Reue,
bis der Morgen sich Platz verschafft
in von Dunkelheit gefluteten Räume,
und die Erde erwacht allmählich,
dein Leben ist meinem so ähnlich,
und wir wären wie dieses Blatt
von einem dieser alten Bäume,
auf dem der Morgentau sich leise setzt,
der Regen ist durch die Nacht gehetzt,
und du würdest Acht darauf geben,
dass ich möglichst wenig versäume
von dem Schauspiel der Natur,
das, bliebe es unberührt gar nur,
in seiner Vielfalt zu verstehen,
Erfüllung wäre von einem unserer Träume...

Geschrieben am 09.01.2013.
Einzelveröffentlichung Facebook-Autorenseite
BEN KRETLOW, 2013

besonderen dank an

~ mila hinz, felix amos steigner, meine familie,
lina schattner, jurek kaufmann, klaus siebenschneider,
kassandra, naile, yuna, dakini böhmer, sünje
lewejohann, haydar karaldi, kevin prox, jennifer hilgert,
marina berin, margarita neumüller, thomas brasch,
stephanie mattner, SternenBlick e. V., edition kieber
sowie an flen, rut afewerki + Daero Eritrea e. V.

~ zudem an all die wundervollen menschen, die mir
stetig unterstützung, wegbegleiter + wirklich wahre
freunde sind. euer dasein + euern support weiß ich von
ganzem herzen immens zu schätzen: DANKE!

*mögen wir wieder ein bisschen meer lernen, in herzen
zu sehen anstatt in farben.* #wortkunstfürtoleranz
#wortkünstlergegenrechts #blacklivesmatter
#meerliebefüreinander

Ben Kretlow

grell. und weiter

Bisher unveröffentlichtes
Buchprojekt aus dem Herbst 2019

grell

warum vergehen die sommer jedes jahr schneller?
früher wusst ich nicht, was du damit meinst –
manchmal wirkts heut im nebel oft greller
als unter einem dieser blauen himmel, wenn er scheint

sie sagt, du – genauso empfind ichs auch,
& wie ich mir wünscht, meer zeit wär geblieben
ich greif nach einer der kippen, die du rauchst,
+ bleib mit dir im gras sieben minuten liegen

& ich weiß, gleich wirst dus sagen:
bitte sag mir, was du siehst
von unserm leben in andern tagen,
wenn du deine augen neben mir schließt

Geschrieben am 14.08.2019

nebenan wohnt das ende

& dass sie da liegt, das hofft er
ein schweigen gegen das geschriebene wort
& gegen die wand bei nacht, ja, klopft er
+ wünscht sich das klirren der stille fort

aber was er nicht hört im dunkeln von nebenan,
zeigt ihm nur, wie fern er ist
von einer nähe, die er nicht meer kann,
während er vom licht schon längst vergisst

also flüstert sie: nein, der darf von nichts
auch nur ahnen, wovon du weißt
bittebleibbeimir ist daher, was sie spricht,
als eine träne rasch die andere treibt

Geschrieben am 15.08.2019

geisterwanderung

es wandern geister durch unser viertel,
mit kerzen in ihren händen
streifen sie durchn block,
& andere wie ich stehen nur
hinterm vorhang am fenster

wir gucken. wir wissen nicht genau,
was da vor sich geht: du, wer sind die?,
als wir in den flur rennen,
uns unsre jacken schnappen,
die schuhe kaum an und

raus auf die straße.
lass uns runter zum hafen,
komm schon. irgendwas,
ja, muss das (sag, was weißt du?)
doch bedeuten

Geschrieben am 22.09.2019

irgendwas geht, große welt

was ist nur los, bruder?
ich weiß, du träumst von so was wie liebe –
doch wenn du deine augen wieder öffnest,
liegst du wach neben bruch + ruine

was ist nur los, schwester?
ich weiß, wir alle haben so unsre sorgen –
jeder für sich große + belanglose + irgendwie
ist es manchmal schwer, sich irgendwo mut zu borgen

was ist nur los, freund?
ja, ich weiß, du brauchst alles, was das leben bringt –
aber siehst du diese mutter dort,
wie sie um alles für ihre kinder ringt?

ich weiß, du träumst von so was wie liebe –
& da ein mädchen, das 'ne blume hält
auf 'nem betonplatz hier in der ruine,
die sie ihr zuhause nennt in dieser ach so großen welt

Geschrieben am 04.08.2019

wolken

du wirst mich nicht sehen, ich bin
verloren, & du wüsstest gar nicht, wohin
ich verflogen wäre, weil ich mich fühl,
als wär ich gestorben. du, hättest du
eine ahnung, könnten wir beide sagen,
ich bin unsichtbar; du, ich bin niemand,

nur noch so am boden, dass ich das gras
wachsen höre, so leise, hörst dus nicht auch,
wie der wind selbst noch so tief durch
die halme dringt. ich sage nichts so weit
oben, als der himmel zuzieht + die nacht
legt sich über die halbe welt,

& du hast noch immer verständnis.
du hast noch immer geduld
+ noch immer nachsicht,
selbst dann, als meine letzte zuversicht
(oder schuld),
ja, wenn mein letzter atem
unter diesen wolken fällt

Geschrieben am 27.07.2019

was sagt die nacht?

ich habe letzte nacht einiges geträumt,
auch davon, wie du vor mir standest
im letzten frühling, sagt sie,
mit den halmen zwischen deinen fingern
+ so viel frieden fest
in deinen dunklen augen.

ich weiß noch, es war schon ein tag
im mai, und es war noch mild,
als wir uns trafen zwischen
dem beginn der dunkelheit + dem rauschen
der wellen da gegen die mole.

du sagtest nichts; zumindest sagst du nichts
meer in meinen erinnerungen an jene stunde,
& manchmal fehlen auch mir meine worte
just aus diesem augenblick. weil da meer war,
würdest du heute vielleicht sagen, wenn
noch meer oder anderes sprechen könnte
als bloße worte.

ja, sag, was glaubst du, flüstert sie leise
in den wind, sehen mich deine dunklen augen
jemals hier an der ostsee wieder?
& was glaubst du, was sagt dann:
die nacht?

Geschrieben am 17.09.2019

ein tag in der liebe

ich hab zimt gestreut
auf den morgen (komm –
probier mich)

& eingetaucht sind wir
in einem duft,
den wir beide unabhängig
voneinander allzu gut kennen –

doch woher du?
dann sag ichs dir auch von mir,
obwohl du es, ich denk mal,
schon längst weißt,

aber du, nein, verziehst keine miene –
pokerface,
& dein herz schon längst
in stellung gebracht,

ziehe ich die nacht über
unsern ort
+ alles friert ein,
während wir uns gegenüber sitzen,

eine kerze wirft licht
+ schatten zwischen uns,
& kein wort muss hineinfallen,
damit wir uns hören

Geschrieben am 21.09.2019

nüchtern

wenns für uns mal enden soll, sagt er,
dann begrabt uns an einer stelle,
wo der himmel leichter durchbrechen kann

& dann prasselt regen aufn stein;
& dann könnt man wieder lesen,
wer wir mal waren, und vielleicht jemand
erinnert sich

& wenn nicht, puh, dann nicht –
das leben endet mitm letzten wimpernschlag,
so seh ichs,
weil 'n weg zu gott

(& das hören sie nicht gern,
ich hätt ja schließlich hinter die wolken
gucken können, sagen sie)
hab ich nicht gefunden

Geschrieben am 22.09.2019

bei kaffee + kippen

stelle ich 1. die tasse ab vor deinen augen
+ rühr den süßstoff ein in das schwarze alles,
in dem ich das licht reflektieren sehe,
das du so nicht siehst.

2. schwingt deine hand durch den schwaden
herrlichster luft, die dir genauso schmeckt
wie mir – nicht nur bei nacht (es ist 01.41 uhr),
sondern immer, wenn wir uns hier
ohne ein wort gegenseitig mustern

Geschrieben am 17.09.2019

erstes resümee

wer baut die welt wieder auf,
wenn wir sie in schutt gelegt haben,
ohne rücksicht auf verluste.
vielleicht

sind wir selbst dann noch so dumm
+ kugeln uns vor lachen,
wenn die bombe einschlägt und,
schwups, sind wir tot.

muss uns ja dann nicht meer interessieren,
wir vergiften uns doch eh schon,
& dazu fake news, leugnung des klimawandels,
aufrüsten auf erden + fürs all –

wir schauen nur hin. die dummen, ja,
brüllen, wir sind das volk,
aber das sind sie keineswegs.
& was ist mit den alten,

die morgens schon flaschen sammeln im park,
vierzig jahre gebuckelt
für nur 'n schluck aus der pulle –
du, werd bloß nicht alt, junge, is' nicht gut.

Geschrieben am 22.09.2019

ich bin der dreisteste aller diebe
+ borgs mir so oder so + verschwend
ohne rücksicht jede art von liebe,
die mir voll herz + unbesorgt entgegen rennt

& dabei steh ich nur kreischend als hauptakteur
(was bloß niemand sieht)
zwischen vier kargen wänden + schrei mich leer
(bis mir, wie ich hoffe, irgendwer vergibt)

Geschrieben am 21.08.2019

wortstrom

sieh mal, ich hab heute kein wort geschrieben
+ ohne protest das denken vermieden –
sieh doch mal, ich werd groß
+ lass all meine fragen los
+ fang an zu funktionieren,
wie alle es uns propagieren,
& so steig ich in zuversicht auf ein floß,
das mich fort schwenkt rigoros,
+ ich folge, ja, ich folge + folge dem strom

Geschrieben am 07./08.09.2019

mit oder ohne

sie sagt, sie weiß nicht, wie
sie hergekommen ist. sie hat
keine antwort + auch keine absicht,
es überhaupt erst zu erfahren. nur –
warum schwanke ich zwischen einem schlaf
+ einem wachsein. wer sagt, wann
ich aufwache + wann fallen meine lider.

tja, flucht ist mein ort. aber wie
kann ich diesen schmerz in mir nur ändern?
heilen ist nur ein wort. ja, nie,
oder?, hör ich auf, zwischen fluch + segen zu schlendern.
also lass mich liegen + meine augen aufgerissen,
mein körper zappelt, schweiß auf meiner stirn

Geschrieben am 22.09.2019

und weiter

& bleiben wir freunde, bis wir sterben?
was wird aus uns nur werden,
wenn wir nicht meer so hübsch sind im spiegel?

werden wir dann diesen momenten verzeihen,
in denen wir unsre prinzipien meiden –
wer aber beginnt + wirft den ersten ziegel?

& egal, wie du dich entscheidest, ich bleib
in deinem schädel:
ich lähm dich, mach dich verfänglich,
du weißt, ich beend dich --- ich treib

da überall in dir drin:
ich bring
dich an jede erdenkliche grenze,
ich ergänze

jede dir noch so bekannte art + form
von wahn,
ja, von sinn –

also glaub mir, wie sehr du dich auch wehrst
+ gegen mich aufbegehrst:
ich bin.

Geschrieben am 25.09.2019

?

vor meinem fenster trügt die dunkelheit
da isson massiver andrang von stille,
& ich wünschte, es würde laut ein mal knallen
+ ich wüsste, woran ich bin.
was beunruhigt mich? kann keiner
beschreiben, viel zu grell nur
all diese fragen,
alle diese zeichen

Geschrieben am 25.09.2019

abendstunde I

ich stell den fertigen abwasch gar
nicht erst zurück in den schrank
ich schmeiß die wäsche
bloß in die maschine

& gehe aus der küche,
schalt das licht aus,
schalts im flur an,
in der bude über mir –

ach, die jungen leute...
draußen ist es schon dunkel,
bald haben wir ende september,
doch heute wars noch mild –

gott, will ich eine rauchen.
ich geh vor die tür,
& die glut des schmachters macht licht.
ich weiß, du schreibst mir später,

hast du vorhin gesagt,
also warte ich auf deine süße stimme,
die mir zuflüstern wird
ausm telefon

Geschrieben am 22.09.2019

abendstunde II

& ich lasse den mond warten
ich lasse die straßen warten,
auf die ein licht fällt,
unter dem wir bisher noch nicht tanzten

ich lasse mich zurück
in unsrer liebe,
die nie ein wort
passend beschreibt,

& horche, wie das gras wächst,
wenn alles um uns ruhig wird,
& tja, ich weiß, du hörst es irgendwie auch.

ich weiß, ich könnt dir
von allem erzählen,
während sie da hinter unserm panorama
zwei rennen sehen, die wir nicht sind

Geschrieben am 01.10.2019

zwei rennen

zwei rennen, & wären sie doch nur geblieben
+ hätten diese stimmen in ihrem kopf vertrieben −:
da spuken geister in der stadt,
du hast sie gesehen

doch nur wohin hat sie sich verirrt?
ihre worte krächzen harsch, subtil + wirr −:
da spuken geister in der stadt, sagt sie:
sie hat sie gesehen

aber psst! nun sei doch einmal leise!
+ wähl, was du tust, aufrichtig + weise −:
all unsre geister in der stadt,
ihr grau(en) ist unser leben

Geschrieben am 29./30.09.2019

wendekind

ich weiß nichts von den menschen,
die weinten vorm fernseher. es war
mein vater, der flüsterte: wir sind
frei jetzt, & jedes stück grau wurde
bunter + bunter mit jedem neuen jahr.

als kind in rostock wusste ich schon von
den träumen da draußen, und ich schaute
einem nachm andern kilometerweit
hinterher. nun bin ich kein kind meer, aber
ein weg raus aus bloßen träumen
neunundachtzig/neunzig, tja, begann

Geschrieben am 03.10.2019

kunterberlin

nachts, wenn du meinst, dass uns keiner sieht,
zeig ich dir mein viertel in berlin
so selten sag ich dir von mir, was ich lieb,
aber nur noch wenige stunden + ich geh mit dir hin

vielleicht können wir dann 'n stück meer greifen,
warum es für mich wichtig ist, dass du siehst,
wie ich versuch, mit dir durchs leben zu streifen
in den straßen, die ich nie verließ

also – kommst du mit? denn da draußen, glaub mir,
isne andere welt; du wirsts erkennen.
nicht nur die bunten lichter, nein, deut ich dir,
wenn wir durch dreck + stimmungen stoppen + rennen

Geschrieben am 03.08.2019

kein plan von nichts und weiter

hat sich nichts geändert, ich stehe
und wank + schwank, statt dass ich gehe
ich liege fern, wenn ich meine augen schließe
+ die tristess' verzerrt gezielt begieße

du, hier hat sich nichts geändert, wie ich(s) sehe
ein raunen auf dem flur: ja, ich gestehe,
dass ich mit keinem wort auch nur übertreib,
was sich so jetzt vor dir launisch zeigt:

es ist das leben!, hörstdu?, das manchmal so spielt.
ich könnte heulen, wispert sie leise,
als ihr blick gespannt auf die türe zielt,
hinter der _____ (wer?) wartet mittlerweile

Geschrieben am 05./06.10.2019

hierfür

komm, lass uns liebe machen,
die welt geht unter,

tja, so oder so

weißt du alles, wovon ich
hier + jetzt + immer will;

also lass es uns einfach tun.
hierfür, nein
liebling, hierfür, nein,
braucht es keine nacht

Geschrieben am 06.10.2019

inhalt

Ben Kretlow
xposé
Gedichte 2013-2021

Ben Kretlow
grell. und weiter
Gedichte

der autor

Ben Kretlow, geboren 1985 als Benjamin William Kretlow, ist ein deutscher Schriftsteller und lebt in Kiel.

Ausgezeichnet als Autor des Monats Februar 2014 von XinXii.com, Europas größtes Selfpublisher-Onlineportal.

Unter anderem letzte Veröffentlichungen der Bände *"hier, etc."* (2015, als eBook), *"#DieLetzteFarbe"* (2016, als Printausgabe und eBook), *"2 zeilen & ein stift... gedichte"* (2018, als eBook) sowie *"vom rand der nacht"* (2020, als Printausgabe und eBook).

Darüber hinaus ist Ben Kretlow Projektinitiator des *SternenBlick*-Projektes sowie Mitherausgeber des ersten Jahrbuchs *"SternenBlick – Ein Gedicht für ein Kinderlachen"* (2014).

meer
liebe
füreinander.